BEI GRIN MACHT SICH IHR WISSEN BEZAHLT

Bibliografische Information der Deutschen Nationalbibliothek:

Die Deutsche Bibliothek verzeichnet diese Publikation in der Deutschen National-
bibliografie; detaillierte bibliografische Daten sind im Internet über http://dnb.d-
nb.de/ abrufbar.

Impressum:

Copyright © 2016 GRIN Verlag
Druck und Bindung: Books on Demand GmbH, Norderstedt Germany
ISBN: 9783668806832

Dieses Buch bei GRIN:

https://www.grin.com/document/439461

Rebecca Rederer

Über die Notwendigkeit von Männern in der Sozialen Arbeit

GRIN Verlag

GRIN - Your knowledge has value

Der GRIN Verlag publiziert seit 1998 wissenschaftliche Arbeiten von Studenten, Hochschullehrern und anderen Akademikern als eBook und gedrucktes Buch. Die Verlagswebsite www.grin.com ist die ideale Plattform zur Veröffentlichung von Hausarbeiten, Abschlussarbeiten, wissenschaftlichen Aufsätzen, Dissertationen und Fachbüchern.

Besuchen Sie uns im Internet:

http://www.grin.com/

http://www.facebook.com/grincom

http://www.twitter.com/grin_com

HAW Landshut

Fakultät für Soziale Arbeit

Genderkompetenzen und Gendermainstreaming in der Sozialen Arbeit

Sommersemester 2016

Über die Notwendigkeit von Männern in der Sozialen Arbeit

15.06.2016

Rebecca Rederer

Studiengang: Soziale Arbeit, 4. Fachsemester

Abstract

Männer sind in sozialen Berufen immer noch weitgehend unterrepräsentiert. Diese Arbeit geht der Frage nach, inwieweit ein höherer Männeranteil in der Sozialen Arbeit sinnvoll bzw. sogar notwendig ist. Dabei werden im ersten Teil Erklärungsansätze für das Fehlen von Männern in der sozialen Berufen dargestellt. Hierbei wird vor allem Bezug auf die soziale Konstruktion von Männlichkeit sowie auf das Leitbild des Familienernährers Bezug genommen. Diese führen immer noch dazu, dass sich Männer teilweise gegen einen sozialen Beruf entscheiden, obwohl Interesse bestehen würde. Zusätzlich wird auf mögliche Auswirkungen eines höheren Männeranteils in der Sozialen Arbeit Bezug genommen. Hierbei stehen die Profession Soziale Arbeit, deren Perspektive aufgrund von ‚mehr Männern' neu betrachtet werden kann, sowie bestehende Geschlechterverhältnisse im Vordergrund. Die Auswirkungen auf vorherrschende Geschlechterverhältnisse können sowohl positiv als auch negativ betrachtet werden und spielen auch in der Frage nach einer geschlechtergerechten Praxis eine bedeutende Rolle. Die Notwendigkeit von mehr Männern in sozialen Berufen wird im weiteren Verlauf vor dem Hintergrund der Sozialen Arbeit mit Kindern und Jugendlichen betrachtet, wobei ein höherer Männeranteil Auswirkungen auf die Vorbildfunktion, die Geschlechtsidentitätsbildung sowie auf schulische Leistungen von Kindern und Jugendlichen haben kann. Positive Auswirkungen in den genannten Bereichen sowie die Möglichkeit einer geschlechtergerechten Praxis innerhalb der Sozialen Arbeit beinhalten unter anderem die Forderung nach einem Ausbau von Aus- und Weiterbildung in Bezug auf Genderkompetenzen.

Inhaltsverzeichnis

1. Männer in der Sozialen Arbeit heute

Soziale Arbeit gilt bekanntlich als typischer ‚Frauenberuf'. Auch Zahlen belegen, dass in sozialen Berufen prozentual mehr Frauen als Männer tätig sind. Dies bestätigt sich vor allem in gesundheitlichen Bereichen der Sozialen Arbeit sowie anderen Sozialen Diensten, die „mit 80% weiblichen Beschäftigten als ein Sektor typischer ‚Frauenberufe' zu bezeichnen [sind]." (May/Rose 2014: 9) Dies zeigt sich unter anderem am Anteil männlicher Studenten, die in den „Komplexe[n] ‚Medizin/Gesundheit/Pflege' und ‚Pädagogik/Sozialwesen' [...]" (May/Rose 2014: 11) sowie in weiteren Bereichen zahlenmäßig weit unterrepräsentiert sind. Im Studienfach Sozialwesen liegt der Männeranteil laut einer Studie im Wintersemester 2011/2012 bei 24%, wobei diese Zahl in etwa auch im Studium der Sozialen Arbeit zu vermerken ist (vgl. May/Rose 2014: 11f.). Vor diesem Hintergrund wird „sowohl die Abwesenheit von männlichen Fachkräften [...] als auch ihre Anwesenheit [...] politisch und fachlich problematisiert." (Schulz 2014: 275) Dabei stellt sich vor allem die Frage, warum Männer in sozialen Berufen eine Minderheit darstellen. Von Interesse ist zudem, inwieweit es notwendig ist, dass sich der Männeranteil vor allem in der Sozialen Arbeit mit Kindern und Jugendlichen vergrößert und welche Auswirkungen mit einem höheren Männeranteil einhergehen. Im Folgenden werden zunächst unterschiedliche Erklärungsansätze dargestellt, welche die Unterrepräsentation von Männern begründen. Des Weiteren werden einige mögliche Auswirkungen eines höheren Männeranteils in sozialen Berufen aufgezeigt sowie die Auswirkungen von ‚mehr Männern' in der Soziale Arbeit mit Kindern und Jugendlichen dargelegt.

2. Gründe für das Fehlen von Männern in sozialen Berufen

Für die Tatsache, dass Männer in sozialen Berufen in der Minderheit stehen, gibt es einige unterschiedliche Erklärungsansätze, die unter anderem in Bezug zu vorherrschenden Geschlechterverhältnissen bzw. Geschlechterrollenbildern stehen. Um den Männeranteil in der Sozialen Arbeit erhöhen zu können, geht es vor allem darum, die Ursachen zu kennen, die hinter der Unterrepräsentation von Männern stehen. Dabei spielen die soziale Konstruktion von Männlichkeit sowie das noch immer bestehende Ernährer – Modell eine große Rolle. Im Folgenden wird daher auf diese Punkte Bezug genommen.

2.1 Soziale Konstruktion von Männlichkeit

Dass Geschlecht nicht nur biologisch, sondern auch durch Sozialisation produziert wird, ist ein bekanntes Phänomen in der konstruktivistischen Theorie. Gesellschaftliche Normen und stereotype Geschlechterrollenbilder führen immer noch zu Einschränkungen innerhalb der Identitätsbildung von Männern und Frauen. Die soziale Konstruktion von Männlichkeit, also das, was „als ‚normal' männlich [angesehen wird]" (Schaffer 2013: 17), beeinflusst somit die Geschlechtsidentitätsbildung von „Jungen und jungen Männern" (Schaffer 2013: 17).

Die „Heteronormativität kann hierbei [...] als eine vorherrschende gesellschaftliche Norm verstanden werden" (Paulus 2015, 71). In traditionellen Rollenbildern von Männlichkeit steht vor allem „die körperliche Leistungsfähigkeit [...]" (Schaffer 2013: 15) im Vordergrund. Die Identitätsbildung hängt zudem eng mit der beruflichen Identität zusammen, sodass traditionelle Rollenbilder auch oftmals die Entscheidung für oder gegen einen bestimmten Beruf beeinflussen. „Die geschlechtlichen Selbstkonzeptionen spielen also bei der Wahl des Berufes eine entscheidende Rolle [...]" (Schaffer 2013: 23) „Liebe und Zuwendung, Sorge, Fürsorge und moralisches Pflichtgefühl werden vor allem auf Frauen projiziert und ihnen als Fähigkeiten zugeschrieben [...]" (Böhnisch, u.a. 2015: 136), die durchaus im Berufsfeld der Sozialen Arbeit eine bedeutende Rolle spielen. Diese Fähigkeiten werden somit als „nicht – männlich" angesehen, was dazu führt, dass sich viele Jungen und Männer gegen einen sozialen Beruf entscheiden, obwohl sie „an sorgenden Tätigkeiten [...] interessiert wären." (Böhnisch, u.a. 2015: 139) Diese Art der sozial konstruierten Männlichkeit hängt vor allem „mit der Berufsmotivation [zusammen], die bei Männern eng an eine Erwerbsrolle außerhalb der ‚Sorgezone' gebunden ist." (Böhnisch, u.a. 2015: 139) Dieses traditionelle Geschlechterrollenbild lässt sich durch die familiäre und differenzierte Aufgabenteilung im häuslichen Bereich begründen, die heutzutage noch immer Anwendung findet (vgl. Böhnisch, u.a. 2015: 139). Doch nicht nur die Eigenschaften, die als „nicht – männlich" gelten, sondern auch Vorurteile wie z.B. pädophile Neigungen, die den Männern in der Arbeit mit Kindern teilweise zugeschrieben werden (vgl. Ganß 2011: 86) führen dazu, dass Männer auch aufgrund von Vorurteilen auf die Berufswahl in einem sozialen Bereich verzichten.

Zusätzlich lässt sich das genannte traditionelle bzw. stereotype Geschlechterrollenbild durch das Habitus-Konzept von Pierre Bourdieu begründen, das eng in Verbindung mit der sozialen Konstruktion von Männlichkeit steht. „Der [...] verwendete Begriff des Habitus [...] bezeichnet eine durch die soziale Herkunft geprägte Haltung, [die sich in bestimmten Verhaltensweisen von Menschen wiederspiegelt]." (Böhnisch, u.a. 2015: 46) Zusätzlich „wird durch diesen Begriff die [Beständigkeit] sozialer Strukturen betont [...]." (Möller-Dreischer 2012: 83) Der Vorgang der Habitualisierung hat daher mit bestimmten Sichtweisen zu tun, die mit Gewohnheiten und unbewusst angenommene Einstellungen sowie Verhaltensmustern einhergehen (vgl. Möller-Dreischer 2012: 87f.). Diese Einstellungen und Verhaltensweisen lassen sich hierbei auch auf Geschlechterdifferenzen sowie stereotype Geschlechterrollenbilder übertragen. Diese stellen wiederum eine „Objektivierung [dar, durch die] alle gesellschaftlichen Gegenstände und Praktiken anhand des Gegensatzpaares männlich-weiblich objektiviert werden, wobei immer das jeweils männlich konnotierte als das überlegene gilt." (Möller-Dreischer 2012: 87). Die Objektivierung von Verhaltensweisen lässt sich somit auch auf berufliche Tätigkeiten sowie bestimmte Berufsbilder übertragen, was bedeutet, dass Soziale Arbeit als ein eher weiblich konnotiertes Berufsfeld gilt und somit mit einer weiblichen Tätigkeit verbunden wird, von der es sich von männlicher Seite abzugrenzen gilt. „Der männliche Habitus ist danach also an eine gesellschaftlich und kulturell tradierte männliche Hegemonialität [geknüpft]." (Böhnisch, u.a. 2015: 47) Anhand der Einverleibung bestimmter Verhaltensweisen durch Gewohnheit wird deutlich, dass Männer teilweise auch unbewusst soziale Berufe meiden, da diese mit weiblichen und somit ‚weniger anerkannten' Tätigkeiten verbunden werden und dies den gewohnten Vorstellungen widersprechen würde.

Die Rollen der Geschlechter - Männlichkeit sowie Weiblichkeit - sind also durch gesellschaftliche Vorstellungen sozial konstruiert und werden auch heute noch durch stereotype und traditionelle Normativitätsvorstellungen aufrechterhalten. Diese beeinflussen daher auch die Berufswahl von Männern und Frauen, was dazu führt, dass auch heute noch wenig Männer in sozialen Berufen tätig werden.

2.2 Ernährer – Modell

Bei den Gründen für das Fehlen von Männern in der Sozialen Arbeit spielen nicht nur gesellschaftliche Normativitätsvorstellungen und die soziale Konstruktion von Männlichkeit eine wesentliche Rolle, sondern auch die auf stereotypen Geschlechterrollenbildern basierende Annahme, dass Männer als Ernährer der Familie fungieren sollen.

„Das Leitbild des Familienernährers" (Thiessen 2014: 93) wird immer noch unter anderem durch die soziale Konstruktion von Männlichkeit aufrechterhalten. Mit dem Berufsfeld der Sozialen Arbeit geht ein „geringe[r] Verdienst" (Thiessen 2014: 93) einher. Aus diesem Grund wenden sich viele junge Männer davon ab, einen sozialen Beruf zu erlernen bzw. Soziale Arbeit zu studieren. Viele Studenten technischer Fachrichtungen, wie beispielsweise Maschinenbau, sind „der Meinung, dass Männer für ausreichend Gehalt zu sorgen haben, um ihre Familie zu versorgen" (Haffner 2014: 141), wobei Studenten der Sozialen Arbeit „die Zustimmung [...] bei Aussagen, die dem modernen Männlichkeitsbild entsprechen, größer [ist]." (Haffner 2014: 141) Daran lässt sich erkennen, dass sich bei Studenten der Sozialen Arbeit traditionelle Geschlechterrollenbilder aufzulösen scheinen, wobei dies wiederum nur einer kleinen Anzahl von Männern entspricht, da in dieser Fachrichtung nur ein geringer Männeranteil vorzufinden ist. Männer „möchten den Frauen [einerseits] entgegenkommen, [andererseits] jedoch die Ernährerrolle nicht gerne aufgeben" (Böhnisch 2015: 65) Zudem würden Männer gerne mehr Zeit mit ihren Kindern und auch der Erziehung der Kinder verbringen, aber trotzdem wollen sie die traditionelle Männerrolle nicht vernachlässigen (vgl. Böhnisch 2015: 65). „Die geringe Bezahlung, die hohe Zahl an befristeten Arbeitsverträgen und die überproportional hohe Zunahme von Teilzeitarbeitsplätzen [bringen unter anderem mit sich, dass] ein eigenes existenzsicherndes Einkommen bzw. ein Familieneinkommen kaum noch zu erwirtschaften sind." (Ehlert 2013: 121) Mittlerweile führen also solche Veränderungen bezüglich traditioneller Geschlechterrollenbilder sowie veränderte Ansprüche an das, was von Männern ‚verlangt' wird, dazu, dass diese zunehmend in Bezug auf Lebensplanung sowie Rollenvorstellungen verunsichert sind (vgl. Prietl 2016: 125). Dies betrifft vor allem die „neu beschriebene[n] Vorstellungen von Vaterschaft." (Prietl 2016: 125) Es lässt sich also ein Widerspruch feststellen, da Männer zum einen (hegemoniale) und traditionelle Männlichkeitsrollen einnehmen, aber dennoch an der Erziehung und Elternschaft aktiv beteiligt sein wollen.

Trotz allem stellt das immer noch vorherrschende Ernährer – Bild des Mannes einen wesentlichen Bestandteil dar, wenn es um die Berufswahl geht. Dieses Leitbild scheint somit tief in der sozial konstruierten Vorstellung von Männlichkeit verankert zu sein.

3. Mögliche Auswirkungen eines höheren Männeranteils in der Sozialen Arbeit

Neben der Frage nach den Gründen für das Fehlen von Männern in der Sozialen Arbeit, ist es essentiell, sich auch damit auseinanderzusetzen, welche Auswirkungen mit einem höheren Männeranteil in der Sozialen Arbeit einhergehen würden. Daher werden im Folgenden einige mögliche Auswirkungen aufgezeigt. Zunächst wird kurz auf die Profession bzw. die Professionalisierungsperspektive der Sozialen Arbeit Bezug genommen, die sich aufgrund eines höheren Männeranteils sowohl positiv als auch negativ entwickeln kann. Des Weiteren wird dargestellt, welche Auswirkungen dies auf die vorherrschenden Geschlechterverhältnisse hat und inwieweit Geschlechterhierarchien dadurch aufrechterhalten oder reduziert werden. Schlussendlich wird die Möglichkeit einer eventuell damit einhergehenden geschlechtergerechten Praxis betrachtet.

3.1 Veränderung bezüglich der Professionalisierungsperspektive

Geht man davon aus, dass ein höherer Männeranteil in sozialen Berufen durchaus gewünscht ist, so geht es vor allem auch darum, die Perspektive der Professionalisierung in der Soziale Arbeit neu zu betrachten. Wichtig ist also zu klären, „was im professionellen Handeln [sowie] gegebenenfalls auch in der Qualifikation der (weiblichen und männlichen) Fachkräfte konkret verbessert werden müsste" (Kimmerle 2014: 102), um mehr Männer für die Soziale Arbeit zu gewinnen.

Essenziell ist dahingehend vor allem „eine auf die Herstellung der beruflichen Professionalität bezogene Weiterbildung [...], um noch mehr gut qualifizierte Fachkräfte – Männer wie Frauen – für die Felder sozialer und nicht zuletzt früh- und elementarpädagogischer Arbeit gewinnen [...] zu können." (Kimmerle 2014: 102) Dabei geht es vor allem um „Verbesserungen bezüglich Anerkennung/Status, Entlohnung und Aufstiegsmöglichkeiten [...]." (Kimmerle 2014: 102) Dies lässt sich auch anhand der sozialen Konstruktion von Männlichkeit und dem Ernährer – Modell erkennen. Wichtig ist in diesem Zusammenhang unter anderem, dass das Berufsbild Soziale Arbeit dadurch mehr Anerkennung gewinnen soll, indem es „stärker als sozialpolitisch und sozialökonomisch begründeter Beruf und nicht nur als Helfer - Beruf öffentlich gemacht [wird]." (Böhnisch, u.a. 2015: 140f.) Dadurch kann zudem erreicht werden, dass die Soziale Arbeit als ein Berufsfeld angesehen wird, das als qualitativ hochwertig angesehen wird, und somit mit mehr Anerkennung einhergeht. Dies gelingt jedoch „nicht ohne eine Weiterentwicklung von Fachlichkeit und Professionalität [sowie] von Ausbildung und Arbeitsfeldern [...]." (Kimmerle 2014: 102) Männer sind vermehrt in Arbeitsfeldern vertreten, in denen die Arbeit mit einem höheren Lohn und Status sowie guten Aufstiegs- und Weiterbildungsmöglichkeiten einhergeht (vgl. Kimmerle 2014: 103) Eine Veränderung der Professionalisierungsperspektive ist nicht nur ein wichtiger Bestandteil, um Männer für die Soziale Arbeit zu begeistern, sondern kann auch als eine Folge eines höheren Männeranteils in diesem Berufsfeld gesehen werden, weshalb dieser Aspekt nicht als Grund, sondern als mögliche Auswirkung aufgeführt ist. Bereits durchgeführte „Kampagnen und Strategien zur Erhöhung des Männeranteils in [sozialen Berufen mit Kindern zeigen], dass die Beschäftigung mit [diesem] Thema nicht nur zu mehr Geschlechtersensibilität, sondern auch zu mehr Professionalität [führt]." (Cremers/Krabel 2013: 19)

Ein höherer Männeranteil sowie auch die Bestrebungen dahin, sollten daher mit einer Veränderung innerhalb der Professionalisierungsperspektive einhergehen, was allerdings einen langwierigen Prozess darstellt, der unter anderem zusätzlich „Veränderungen am bestehenden Geschlechterverhältnis voraussetzt." (Haffner 2014: 138)

3.2. Auswirkungen auf vorherrschende Geschlechterverhältnisse

Dass Veränderungen am bestehenden Geschlechterverhältnis vor allem in der Praxis durchaus schwierig umzusetzen sind, soll im weiteren Verlauf aufgezeigt werden. Einerseits kann innerhalb der Debatte um „Mehr Männer in der Sozialen Arbeit" eine „Chance für neue geschlechterpolitische Konstellationen" (May 2014: 84) entstehen. Andererseits besteht eine „Gefahr der Re-Traditionalisierung von Männlichkeitsbildern" (Thiessen 2014: 96) sowie auch eine Gefahr der „Bestätigung von Geschlechterdifferenz sowie [...] der Reproduktion traditioneller Normen von Männlichkeit und

Weiblichkeit [...]." (Fegter 2013: 157) Die Chancen und Gefahren bezüglich der bestehenden Geschlechterverhältnisse werden im Folgenden genauer dargestellt.

Die Chance für modernere Geschlechterverhältnisse lässt sich zum einen durch „das geschlechtertheoretische Argument, das ‚mehr Männer' mit dem Ziel geschlechtlicher Gleichstellung, Heterogenität und Vielfalt fordert und sich von ‚mehr Männern' eine Dekonstruktion des Gender – Bias in der Sozialen Arbeit verspricht" (Fegter 2013: 157), begründen. Zum anderen gründet sich diese Chance auch auf der Ebene der Sozialisation, in der ein höherer Männeranteil in sozialen Berufen einen erheblichen Beitrag zur „gelingende[n] Entwicklung von Kindern und insbesondere von Jungen [...]" (Fegter 2013: 157) leistet. Dabei wird vor allem Bezug auf den Bereich der Sozialen Arbeit genommen, der mit Beziehungsarbeit zu tun hat. Hierbei sollen die „in der Beziehungsarbeit tätigen [Männer aber nicht] einen bestimmten [...] Entwurf von Männlichkeit vorbildhaft als Identifikationsmodell [...] repräsentieren [...]." (May 2014: 85) Es geht vielmehr darum, dass Männern durch diese Art der Arbeit die Möglichkeit gegeben wird, die „mit hegemonialer Männlichkeit vermittelte[n] Kommunikations- und Handlungsweisen zu überwinden." (May 2014: 84) Dies hängt vor allem auch damit zusammen, dass Männer und Frauen in der Sozialen Arbeit oftmals über gleiche „soziale Einstellungen" (Thiessen 2015: 98) verfügen. Studenten der Sozialen Arbeit lösen sich daher auch häufig von traditionellen Geschlechterrollenbildern bzw. Männlichkeitsvorstellungen ab (vgl. Thiessen 2014: 98). Dadurch kann es auch zu einer höheren Anerkennung gegenüber Frauen in sozialen Berufen sowie dem Berufsfeld der Sozialen Arbeit selbst kommen.

Trotz allem bestehen immer noch Gefahren einer Aufrechterhaltung von Geschlechterdifferenzen innerhalb sozialer Berufe. Durch die Forderung nach einem höheren Männeranteil vor allem in der Arbeit mit Kindern bzw. Jungen, um diesen eine gelingende Entwicklung zu ermöglichen, kommt es unter anderem auch zu einer „Abwertung der erzieherischen Arbeit von Frauen" (Fegter 2013: 157), indem ihnen die Fähigkeit, zu einer solchen Entwicklung beitragen zu können, abgeschrieben wird. Noch immer werden Männern bestimmte Eigenschaften zugeschrieben, die dazu führen, dass diese oftmals Verhaltens – und Handlungsweisen verfolgen, die daraufhin die Differenz zwischen den Geschlechtern verstärkt (vgl. Ganß 2011: 86). Diese Verhaltensweisen finden sich beispielsweise in der differenzierten Arbeitsteilung, die nicht nur privat, sondern auch beruflich praktiziert wird. „Es ist [also] das System der ge-schlechtshierarchischen Arbeitsteilung, das bis heute unsere Gesellschaft prägt, das auch die Soziale Arbeit strukturiert." (Böhnisch 2015: 59) Dieses Verhalten lässt sich wiederum durch sozialkonstruktivistische Theorien – siehe Punkt 2.1 – begründen. „Männer werden [dementsprechend] nicht als ‚Gleiche' sondern als ‚die Anderen' adressiert, die etwas repräsentieren und in die (sozial-)pädagogische Arbeit einbrin-gen können, das von Frauen in dieser Form nicht geleistet werden kann." (Fegter 2013: 152) Die Abwertung von Frauen zeigt sich allerdings auch daran, „dass Männer in einem Frauenberuf durchschnittlich besser bezahlt werden als ihre Kolleginnen, ob-wohl sie dieselbe Qualifikation besitzen." (Schaffer 2013: 25) Die Wahl eines Berufes, der für das jeweilige Geschlecht ‚untypisch' ist, begünstigt unter anderem die differen-zierte Arbeitsteilung, die wiederum für bestehende Geschlechterhierarchien sowie Dis-kriminierung aufgrund der Geschlechtszugehörigkeit sorgt (vgl. Schaffer 2013: 25). Neben der geringeren Entlohnung werden vorherrschende Geschlechterdifferenzen zudem insofern aufrechterhalten, als dass Männer deutlich bessere Chancen und Möglichkeiten auf eine Leitungs- bzw. Führungsposition in sozialen Einrichtungen ha-ben (vgl. May/Rose 2014: 10).

Die Auswirkungen auf bestehende Geschlechterverhältnisse sind somit einerseits als positiv, andererseits als negativ zu betrachten und dürfen in der Frage, inwieweit ein höherer Männeranteil in der Sozialen Arbeit notwendig ist, nicht fehlen.

3.3 Möglichkeit einer geschlechtergerechten Praxis

Neben der Frage nach möglichen Auswirkungen eines höheren Männeranteils in der Sozialen Arbeit in Bezug auf vorherrschende Geschlechterverhältnisse gehört zudem die Frage nach der Möglichkeit einer geschlechtergerechten Praxis und inwieweit diese durch mehr Männer innerhalb sozialer Berufe verwirklicht wird. Es geht hierbei vor allem um die Chancengleichheit sowie die Gleichstellung von Mädchen und Jun-gen bzw. Frauen und Männern (vgl. Aigner, u.a. 2012: 59)

Bei der Beantwortung dieser Frage spielen vor allem auch „genderorientierte[ ] Quali-tätsmerkmale[ ] " (Engelfried 2015: 31) sowie „eine entsprechende genderpädagogische Haltung der Fachkräfte, Leitungen sowie der öffentlichen und freien Träger" (Engelfried 2015: 39) eine bedeutende Rolle. Eine geschlechtergerechte Praxis innerhalb sozialer Berufe gelingt daher nur, wenn keine geschlechterbezogene Differenzierung bezüglich der Tätigkeiten und Aufgabenfelder von Männern und Frauen vorherrscht, sondern von traditionellen Geschlechterhierarchien abgesehen wird. „Es ist daher auf eine Teamzusammenstellung zu achten, die es gilt, vielfältig zu besetzen und intersektional zu reflektieren." (Engelfried 2015: 40) Diese Abgrenzung gestaltet sich oftmals als eine große Herausforderung, da es in der Sozialen Arbeit nicht genügend Fachkräfte gibt, die eine Qualifikation im Bereich von Genderkompetenzen aufweisen (vgl. Engelfried 2015: 40). Um diese Genderkompetenzen auch an die Klientel der Sozialen Arbeit weiterzugeben, bedarf es des Weiteren an „unterschiedliche[n] Arbeitsformen [wie] geschlechtshomogene und geschlechtsheterogene Arbeit und Cross-Work [...]." (Engelfried 2015: 40) „Geschlechtergerechte Erziehung benötigt [also] Männer und Frauen." (Aigner, u.a. 2012: 75) Dabei spielt vor allem der Austausch untereinander sowie die Arbeit miteinander und im Team eine entscheidende Rolle (vgl. Aigner, u.a. 2012: 75f.) Durch die gezielte Reflexion von Haltung, Teamarbeit und gendersensiblen Themen wie z.B. „geschlechtsstereotype Darstellungen [in verschiedensten Arbeitsmaterialien]" (Aigner, u.a. 2012: 437) kann geschlechtergerechte Praxis verwirklicht werden. Dafür ist es unter anderem notwendig, gewisse geschlechtsstereotype Einstellungen, die sich auf das Verhalten von Fachkräften auswirken, aufzubrechen bzw. zu thematisieren. Diese Arbeitsformen, durch die eine geschlechtergerechte und genderpädagogische Praxis gefördert werden kann, können durchaus mit einem höheren Männeranteil in sozialen Berufen einhergehen und dadurch besser umgesetzt werden, was vor allem in der Arbeit mit Kindern und Jugendlichen essentiell ist. Trotz allem sind diese Veränderungen innerhalb der Praxis nicht ausreichend, um eine geschlechtergerechte Praxis zu ermöglichen. Zusätzlich kann hier wieder die veränderte Perspektive der Professionalisierung der Sozialen Arbeit aus Punkt 3.1 herangezogen werden, die zu einer geschlechtergerechteren Praxis beitragen kann. Dabei muss vor allem die „professionswissenschaftliche[ ] Geschlechterforschung [mehr] berücksichtigt" (Kimmerle 2014: 101) werden.

Vor diesem Hintergrund steht daher auch die „Frage nach Aus – und Weiterbildung, [die] in diesem Bereich [...] auch in Zukunft ein wichtiges Thema sein [wird]." (Engelfried 2015: 40) Die Möglichkeiten für Aus- und Weiterbildung müssen überdacht und eventuell auf der Basis von Genderaspekten neu entwickelt werden. Nur dann kann ein höherer Männeranteil auch zu einer möglichen geschlechtergerechten Praxis innerhalb sozialer Berufe beitragen.

4. Männer in der Sozialen Arbeit mit Kindern und Jugendlichen

Wie oben bereits angedeutet, ist es wichtig, die Notwendigkeit von mehr Männern in der Sozialen Arbeit vor allem in Bezug auf Kinder und Jugendliche festzustellen. Bezüglich dessen lassen sich einige Studien und Diskussionen vorfinden. Im weiteren Verlauf wird ein kurzer Ausblick gegeben, welche Bedeutung mehr Männer für Kinder und Jugendliche haben und ob dies wiederum dazu führen kann, dass Geschlechterhierarchien gegebenenfalls aufgelöst werden können. Zunächst wird auf die Vorbildfunktion, die Fachkräfte für Kinder und Jugendliche einnehmen, Bezug genommen. Im Anschluss werden die Auswirkungen eines höheren Männeranteils in der Sozialen Arbeit mit Kindern und Jugendlichen auf die Identitätsbildung beschrieben. Zuletzt wird kurz auf die Debatte um ‚Jungen als Bildungsverlierer' eingegangen und darauf, inwiefern Männer dazu beitragen können, dieses ‚Defizit' zu beheben.

4.1 Vorbildfunktion für Kinder und Jugendliche

Erwachsene sowie Fachkräfte in sozialen Berufen nehmen immer eine bestimmte Vorbildfunktion für Kinder und Jugendliche ein, die sich dadurch gewisse Verhaltensweisen und Einstellungen aneignen. Dabei stellt sich die Frage, inwieweit männliche Fachkräfte in der Sozialen Arbeit auf die Entwicklung von Kindern und Jugendlichen einwirken und daher eine bestimmte Vorbildfunktion für Kinder und Jugendliche darstellen.

Beruhend auf der Tatsache, dass Kinder und Jugendliche jeden Geschlechts Vorbilder benötigen, um sich an ihnen innerhalb ihrer Identitätsbildung orientieren zu können, zeigt sich zunehmend, dass ‚mehr Männer' in sozialen Berufen mit Kindern und Jugendlichen durchaus sinnvoll wären. Dabei sind „Männer und Frauen [...] als Bildungs- und Sozialisationsinstanzen in personenbezogenen Dienstleistungsberufen gleichermaßen gefragt." (Schaffer 2013: 31) Vor dem Hintergrund der Vorbildfunktion männlicher Fachkräfte spielt vor allem deren beobachtbares Verhalten innerhalb der pädagogischen Arbeit eine wesentliche Rolle. In der Beziehungsarbeit wird deutlich, dass eine männliche Bezugsperson, die „nicht nur den starken Schulterträger oder den unbekümmerten Eventmacher spielt, der auch zeigen kann, dass [auch] er schwach ist, und dabei [...] Jungen das Gefühl gibt, dass dies auch für Männer wichtig ist [...]" (Böhnisch, u.a. 2015: 53) dazu beitragen kann, dass die Vorstellungen von Männlichkeit sowie die bestehenden Geschlechterrollenbilder aufgelöst werden. Nehmen männliche Fachkräfte eine solche Position bzw. Vorbildfunktion ein, können die „beobachteten Verhaltensmuster [...] übernommen [werden]." (Böhnisch, u.a. 2015: 45f.) Dennoch ist es nicht ausreichend, dass Männer in der pädagogischen Arbeit eine derartige Haltung einnehmen, sondern, dass auch die Väter und andere männliche Personen im Umfeld des Kindes bzw. des Jugendlichen versuchen, eine solche Vorbildfunktion einzunehmen. Dies ist essentiell, da „die bei anderen beobachteten Verhaltensmuster nicht einfach übernommen, sondern entsprechend dem eigenen biografischen Erfahrungshintergrund und selektiv aufgenommen [werden]." (Böhnisch, u.a. 2015: 45f.) Mehr Männer in sozialen Berufen mit Kindern und Jugendlichen „könnten [daher auf dem Hintergrund der Vorbildfunktion, die sie für beide Geschlechter einnehmen] langfristig mehr zur Gleichberechtigung der Geschlechter beitragen [...]" (Irle 2012: 19) Dies kann gelingen, indem auch die Bedarfslagen von allen Kindern und Jugendlichen gleichwertig betrachtet werden. Dazu gehört vor allem die Vorbildfunktion von Männern und Frauen, die sowohl Mädchen als auch Jungen benötigen (vgl. Irle 2012: 19). Durch die zunehmende Zahl alleinerziehender Mütter und die daraus resultierende Tatsache, dass Kinder teilweise ohne männliche Vorbilder aufwachsen (vgl. Irle 2012: 25) und somit „die pädagogische Institution zu einem Kompensationsort [machen]" (Rose 2014: 31), verdeutlicht zudem die Notwendigkeit von mehr Männern in sozialen Berufen.

Am Aspekt der Vorbildfunktion wird somit deutlich, dass ‚mehr Männer in der Sozialen Arbeit' mit Kindern und Jugendlichen eine Bereicherung darstellen würden. Daraus ergibt sich gleichzeitig aber auch die Forderung nach gemischten Fachkräften, die zusammenwirkend positiv Einfluss auf die Entwicklung von Kindern und Jugendlichen nehmen können (vgl. Hurrelmann 2012: 47ff.).

4.2 (Geschlechts-)Identitätsbildung

Neben der Vorbildfunktion spielt auch Geschlechterrolle, die pädagogische Fachkräfte in der Arbeit mit Kindern und Jugendlichen einnehmen, eine wichtige Rolle. Fraglich ist, inwieweit in diesem Bereich ‚mehr' Männer dazu beitragen können, die (Geschlechts-)Identitätsbildung von Kindern und Jugendlichen zu beeinflussen. Dabei kann unter anderem das Konstrukt ‚Lernen am Modell' hinzugezogen werden, das den Prozess der Identifikation beschreibt und eng in Verbindung mit der zuvor beschriebenen Vorbildfunktion steht.

„Lernen am Modell ist Identifikationslernen und spielt [...] bei der Entwicklung der Geschlechteridentität eine zentrale [...] Rolle." (Böhnisch, u.a. 2015: 46) In Debatten um ‚mehr Männer in der Sozialen Arbeit' wird größtenteils auf die Entwicklung von Jungen Bezug genommen. Für diese ist es besonders wichtig, „als ‚normal' männlich zu erscheinen, wozu gehört, [...] entsprechende Körperhaltungen, Gesten und Selbstinszenierungen zu beherrschen [...]." (Schaffer 2013: 17) Dabei geht es darum, sich an einer Person orientieren zu können, die das gleiche Geschlecht, welches in einer bestimmten Altersstufe von den Kindern an sich selbst registriert wird, besitzen (vgl. Böhnisch, u.a. 2015: 51) Eine männliche Bezugsperson, die dabei vor allem für Jungen wichtig ist, spielt daher bezüglich der Identitätsbildung bzw. der Geschlechtsidentitätsbildung eine wesentliche Rolle. Diese Identitätsbildung ist vor allem „aufgrund der Pluralisierung" (Preuss-Lausitz 2012: 37), die in der heutigen Gesellschaft vorzufinden ist, ein bedeutender Bestandteil für Kinder und Jugendliche. Bestimmte Erwartungshaltungen der Gesellschaft sowie die damit einhergehende schwierige Entscheidung für bzw. gegen eine gewisse Identität bzw. Geschlechterrolle führen dazu, dass sich Jungen und Mädchen „ihrer geschlechtlichen Identität sicher sein [wollen]." (Preuss-Lausitz 2012: 37) Dadurch wird deutlich, dass die Geschlechtsidentitätsbildung einen wesentlichen Bestandteil der Entwicklung von Kindern und Jugendlichen darstellt, welcher nicht unterschätzt werden darf. Aufgrund dessen ist es notwendig, Kindern die Sicherheit innerhalb ihrer Geschlechterrolle zu vermitteln und Stabilität zu geben, indem pädagogische Fachkräfte – Frauen und Männer – konstruktiv zusammenarbeiten und Kindern und Jugendlichen somit eine gelingende Identitätsbildung ermöglichen. Des Weiteren kann auf den entwicklungspsychologischen Ansatz der Identifikation bzw. Identitätsbildung eingegangen werden. Hier wird erkenntlich, dass fehlende männliche Bezugspersonen für Jungen dazu führen, dass sich diese in ihrer Identitätsbildung daran orientieren, sich von Frauen und deren Eigenschaften abzugrenzen (vgl. Paulus 2015: 73ff.) Folglich können Geschlechterhierarchien und differenzierte Sichtweisen aufrechterhalten werden, da für Jungen und junge Männer nicht erkenntlich, dass Männer und Frauen gleiche Tätigkeiten ausüben und gleiche Eigenschaften und Einstellungen aufweisen können. Daher ist auch bezüglich der Frage nach einer geschlechtergerechten Praxis ein höherer Männeranteil in der Sozialen Arbeit wünschenswert. Fraglich ist vor diesem Hintergrund zusätzlich, wie männliche Fachkräfte dazu beitragen können, dass bestehende Geschlechterverhältnisse aufgebrochen werden. Hierbei ist es wichtig, dass diese im Arbeitsalltag geschlechtsstereotype Einstellungen sowie die differenzierte Arbeitsteilung vermeiden, sondern diese versuchen aufzubrechen. Wie unter Punkt 3 bereits genannt liegt der Weg hin zu einer geschlechtergerechten Praxis und hin zu Veränderungen hinsichtlich vorherrschender Geschlechterhierarchien in der „Weiterentwicklung der Professionalität in Ausbildung und Berufspraxis bzw. Weiterbildung [im Bereich der Gender-Kompetenzen]." (Kimmerle 2014: 110) Im Zusammenhang mit der Geschlechtsidentitätsbildung von Jungen und Mädchen ist dies von besonderer Bedeutung.

Daraus folgt, dass eine gelingende Identitätsbildung von Kindern und Jugendlichen durch einen höheren Männeranteil durchaus begünstigt werden kann. Trotz allem muss dies in Verbindung mit der Aufrechterhaltung von Geschlechterhierarchien betrachtet und weiter untersucht werden, um eine geschlechtergerechte Praxis zu ermöglichen.

4.3 Leistungssteigerung in Bildungseinrichtungen

Immer wieder taucht die Debatte „um die Krise der Jungen [...] und die damit einhergehenden Forderungen nach mehr männlichen Fachkräften in der Sozialen Arbeit" (Ehlert 2013: 117) auf. Dabei stellt sich die Frage, inwieweit ein höherer Männeranteil zu einer Leistungssteigerung von Jungen in Bildungseinrichtungen beitragen kann.

Internationale Studien belegen, dass Mädchen in Bildungseinrichtungen durchaus bessere Leistungen erbringen als Jungen, was vor allem Bereiche wie Sprache, Lesen, usw. betrifft (vgl. Hurrelmann/Schultz 2012: 11f.). Weitere Studien zeigen, „wie früh im Lebenslauf die Bildungsperspektiven der Geschlechter auseinanderlaufen." (Hurrelmann/Schultz 2012: 12) Jungen zeigen „[r]uhelos-hyperaktives unruhig-aggressives Verhalten, Aufmerksamkeitsdefizite und Lernstörungen [wobei diese] zwischen siebzig und hundert Prozent dem männlichen Geschlecht zuzuordnen [sind]." (Dammasch 2012: 184) Wichtig ist es vor diesem Hintergrund vor allem, die Ursachen für die schulischen Misserfolge von Jungen zu betrachten. Die negativ konnotierte Entwicklung der Jungen und jungen Männer „hat mit den Impulsen der sozialen Umwelt und vor allem denen der Sozialisationsinstanzen Familie und Gleichaltrigengruppe zu tun." (Hurrelmann 2012: 52) Die Bewältigungskompetenzen, die benötigt werden, um die Schule erfolgreich zu meistern, scheinen bei Jungen und jungen Männern nicht entsprechend ausgebildet zu sein. Dies ist vor allem auch auf „die von außen an einen Menschen herangetragenen Vorstellungen von geschlechtsspezifischen Eigenschaften, Einstellungen und Verhaltensweisen [...]" (Hurrelmann 2012: 52) zurückzuführen. Hierbei wird wieder deutlich, dass die sozial konstruierte Männlichkeit auch auf die Herangehensweisen und das Verhalten in Bildungsbereichen Einfluss nimmt. Beispielsweise „[nehmen] viele junge Männer mit stereotypen Vorstellungen von Männlichkeit [...] gute Leistungen in der Schule geradezu als Bedrohung ihres Männerbildes wahr." (Hurrelmann 2012: 53) Um dies zu überwinden, benötigen Jungen und junge Männer vor allem „die [...] konkrete Präsenz eines bedeutungsvollen Mannes [...]." (Dammasch 2012: 197) Gelingt es ihnen, sich konstruktiv mit der Geschlechtsidentität auseinanderzusetzen und mit Hilfe eines Vorbildes, sei es Frau oder Mann, traditionelle Vorstellungen bezüglich der Identitätsbildung aufzubrechen, so können schulische Probleme von Jungen und jungen Männern verringert werden. Dabei ist es wichtig, „deren Entwicklung von Geschlechtervorstellungen aktiv zu begleiten [...]." (Kimmerle 2014: 111) Infolge dessen hat ein höherer Männeranteil in der Sozialen Arbeit mit Kindern und Jugendlichen nicht nur Auswirkungen auf schulische Leistungen der Jungen, sondern auf die Entwicklung beider Geschlechter, welche von einer geschlechtergerechten Praxis durch gemischte Fachkräfte vor allem bezüglich ihrer Identitätsbildung profitieren können. Zu beachten ist dabei allerdings auch in diesem Zusammenhang, „mit welchem reflektierten Selbstverständnis und mit welchem

differenzierten Wissen zu Geschlecht, zum Beispiel [...] zur gesellschaftlichen Reproduktion der Geschlechterverhältnisse die männlichen wie weiblichen Fachkräfte [tätig
werden]." (Kimmerle 2014: 112) Auch hierbei wird deutlich, wie wichtig Aus – und Wei-
terbildungen zum Thema ‚Geschlecht' sind.

Auf Basis einer geschlechtergerechten Praxis kann ein höherer Männeranteil in der
Sozialen Arbeit mit Kindern und Jugendlichen an Leistungssteigerungen in Bildungseinrichtungen konstruktiv mitwirken.

5. Ausblick

Zusammenfassend lässt sich erkennen, dass die Frage nach der Notwendigkeit von
‚mehr Männern in der Sozialen Arbeit' durchaus berechtigt ist. Die möglichen Auswirkungen eines höheren Männeranteils in sozialen Berufen – vor allem in der Arbeit mit
Kindern und Jugendlichen – benötigen allerdings eine kritische Auseinandersetzung
mit aktuellen Fragen im Bereich der Geschlechterforschung. Sichtbar wird jedenfalls,
dass neben der Frage nach der Notwendigkeit von mehr Männern auch die Frage nach
stereotypen Geschlechterrollenbildern und der daraus resultierenden vorherrschenden Geschlechterhierarchie eine entscheidende Rolle spielt. Grundsätzlich ist dabei
festzuhalten, dass ein höherer Männeranteil in sozialen Berufen durchaus positive
Auswirkungen auf die Profession Soziale Arbeit sowie auf bestehende Geschlechterverhältnisse aber auch auf die Entwicklung von Kindern und Jugendlichen haben kann.
Bei allen Aspekten muss allerdings berücksichtigt werden, dass eine geschlechtergerechte Praxis und die damit einhergehenden positiven Auswirkungen nur verwirklicht
werden kann, wenn „eine weitere Professionalisierung" (Kimmerle 2014: 102) sowie
eine „Weiterentwicklung [des] Berufs einschließlich Ausbildung und Arbeitsfel-
der" (Kimmerle 2014: 104) stattfindet. Dabei ist es essentiell, Genderkompetenzen sowohl in der Ausbildung als auch in der Berufstätigkeit zu fördern und zu fordern. Neben
der Forderung nach einer zunehmenden Auseinandersetzung mit der Profession Soziale Arbeit stellt sich unter anderem die Frage, inwiefern Männer für die Soziale Arbeit
gewonnen werden können und inwieweit bisherige Kampagnen und Projekte für Männer zielführend sind bzw. waren.

6. Literatur

o Aigner, Josef Christian / Rohrmann Tim (Hrsg.), (2012): Elementar – Männer in der pädagogischen Arbeit mit Kindern, Barbara Budrich, Berlin und Toronto.

o Böhnisch, Lothar/ Funk, Heide / Lenz Karl (2015): Pädagogik und Männlichkeit, Beltz Juventa, Weinheim und Basel.

o Böhnisch, Lothar (2015): Männer und Soziale Arbeit – Eine Hintergrundskizze In: Graf, Ursula / Knill, Thomas / Schmid, Gabriella / Stiehler, Steve (Hrsg.): Männer in der Sozialen Arbeit – Schweizer Einblicke, Frank und Timme GmbH, Berlin.

o Cremers, Michael / Krabel, Jens (2013): Was sollen Männer in Kitas?, Lambertus, Berlin.

o Dammasch, Frank (2012): Ohne Männer können Jungs sich nicht gut ent-wickeln In: Hurrelmann, Klaus / Schultz Tanjev (Hrsg.): Jungen als Bildungsverlierer – Brauchen wir eine Männerquote in Kitas und Schulen?, Beltz Juventa, Weinheim und Basel.

o Ehlert, Gudrun (2013): Profession und Geschlecht. Hierarchie und Differenz in der Sozialen Arbeit In: Plößer, Melanie / Sabla, Kim-Patrick: Gendertheorien und Theorien Sozialer Arbeit, Barbara Budrich, Berlin und Toronto.

o Engelfried, Constanze (2015): Soziale Arbeit und Geschlechterpolitik in der Kommune In: gilde soziale arbeit, H. 2/2015, S. 31 – 43.

o Fegter, Susann (2013): Mehr Männer in die Soziale Arbeit? Neuanordnungen von Profession und Geschlecht im aktuellen (fach-)öffentlichen Diskurs In: Plößer, Melanie / Sabla, Kim-Patrick: Gendertheorien und Theorien Sozialer Arbeit, Barbara Budrich, Berlin und Toronto.

o Ganß, Petra (2011): Männer auf dem Weg in die Soziale Arbeit – Wege nach oben? Die Konstruktion von ‚Männlichkeit' als Ressource der intraberuflichen Geschlechtersegregation, Budrich UniPress.

o Haffner, Yvonne (2014): Männer in der Sozialen Arbeit. Anforderungen an die Fachkultur In: May, Michael / Rose, Lotte (Hrsg.): Mehr Männer in die Soziale Arbeit!? Kontroversen, Konflikte und Konkurrenzen, Barbara Budrich, Berlin und Toronto.

- Hurrelmann, Klaus (2012): Pädagogische Arbeit braucht gemischte Fachkollegien In: Hurrelmann, Klaus / Schultz Tanjev (Hrsg.): Jungen als Bildungsverlierer – Brauchen wir eine Männerquote in Kitas und Schulen?, Beltz Juventa, Weinheim und Basel.

- Hurrelmann, Klaus / Schultz, Tanjev (2012): Jungen als Bildungsverlierer – Warum diese Streitschrift? In: Hurrelmann, Klaus / Schultz Tanjev (Hrsg.): Jungen als Bildungsverlierer – Brauchen wir eine Männerquote in Kitas und Schulen?, Beltz Juventa, Weinheim und Basel.

- Irle, Katja (2012): Die Quote ist ein Gewinn für Jungen und Mädchen In: Hurrelmann, Klaus / Schultz Tanjev (Hrsg.): Jungen als Bildungsverlierer – Brauchen wir eine Männerquote, in Kitas und Schulen?, Beltz Juventa, Weinheim und Basel.

- Kimmerle, Christoph (2014): Warum von Versuchen zur Erhöhung des Männeranteils ohne eine weitere Professionalisierung sozialer und pädagogischer Berufe abzuraten ist In: May, Michael / Rose, Lotte (Hrsg.): Mehr Männer in die Soziale Arbeit!? Kontroversen, Konflikte und Konkurrenzen, Barbara Budrich, Berlin und Toronto.

- May, Michael (2014): Hegemoniale Männlichkeit und Soziale Arbeit: Eine herrschafts- und differenzanalytische Betrachtung der Forderung nach mehr Männern in die Soziale Arbeit In: May, Michael / Rose, Lotte (Hrsg.): Mehr Männer in die Soziale Arbeit!? Kontroversen, Konflikte und Konkurrenzen, Barbara Budrich, Berlin und Toronto.

- May, Michael / Rose, Lotte (2014): Einleitung: Warum ein Buch zum Thema ‚Mehr Männer in die Soziale Arbeit!?' In: May, Michael / Rose, Lotte (Hrsg.): Mehr Männer in die Soziale Arbeit!? Kontroversen, Konflikte und Konkurrenzen, Barbara Budrich, Berlin und Toronto.

- Möller-Dreischer, Sebastian (2012): Zur Dynamik der Geschlechter in pädagogischen Berufen, Eine exemplarische empirische Untersuchung an männlichen Studenten der Rehabilitationswissenschaften/Sonderpädagogik, Julius Klinkhardt, Kempten.

- Paulus, Stefan (2015): Entwicklung männlicher Geschlechtsidentitäten in einer heteronormativen Welt. Psychologische und post-strukturalistische Erklärungsansätze In: Graf, Ursula / Knill, Thomas / Schmid, Gabriella / Stiehler, Steve (Hrsg.): Männer in der Sozialen Arbeit – Schweizer Einblicke, Frank und Timme GmbH, Berlin.

o Preuss-Lausitz, Ulf (2012): Der hilflose Umgang mit Jungen in Schule und Pädagogik In: Hurrelmann, Klaus / Schultz Tanjev (Hrsg.): Jungen als Bildungsverlierer – Brauchen wir eine Männerquote, in Kitas und Schulen?, Beltz Juventa, Weinheim und Basel.

o Prietl, Bianca (2016): Ambivalente Männlichkeitskonstruktionen von Vätern zwischen Erwerbsarbeit und Fürsorgearbeit In: Gender, Zeitschrift für Geschlecht, Kultur und Gesellschaft, H. 1/16, S. 124 – 139.

o Rose, Lotte (2014): Kinder brauchen Männer! Zur Vergeschlechtlichung von Qualitätsentwicklungsfragen in der Elementarpädagogik In: May, Michael / Rose, Lotte (Hrsg.): Mehr Männer in die Soziale Arbeit!? Kontroversen, Konflikte und Konkurrenzen, Barbara Budrich, Berlin und Toronto.

o Schaffer, Hanne (2013): Sozialpädagoge und Mann; Männliches Selbstverständnis in einem Frauenberuf, Lambertus, Freiburg im Breisgau.

o Schulz, Marc (2014): Professionelle Männlichkeit für Kinder. Kritische Reflexionen eines Ethnografen im Feld des Kindergartens In: May, Michael / Rose, Lotte (Hrsg.): Mehr Männer in die Soziale Arbeit!? Kontroversen, Konflikte und Konkurrenzen, Barbara Budrich, Berlin und Toronto.

o Thiessen, Barbara (2014): Die Männerfrage in der Sozialen Arbeit – Ein Kommentar In: May, Michael / Rose, Lotte (Hrsg.): Mehr Männer in die Soziale Arbeit!? Kontroversen, Konflikte und Konkurrenzen, Barbara Budrich, Berlin und Toronto.